HEY Carter!

CHILDREN'S BOOK SERIES

ISBN-10: 1985283891
ISBN-13: 978-1985283893

Book Design by Cassandra Bowen, Uzuri Designs
http://uzuridesigns.weebly.com

# My Brown Skin
# COLORING BOOK

COLORING
BOOK &
AFFIRMATIONS
FOR KIDS

Thomishia Booker

# I LOVE MY BROWN SKIN

I AM A GOOD FRIEND

I ENJOY CHALLENGING MYSELF

I LOVE MYSELF

I HAVE POSITIVE THOUGHTS

# I AM FEARLESS

I AM PROUD OF MYSELF

I BELIEVE IN MYSELF

MY HEART GUIDES ME

I AM POWERFUL

I AM GREAT

I AM JOYFUL

I ENJOY DISCOVERING NEW THINGS

I AM WONDERFUL

I CAN DO ANYTHING

I AM PATIENT

I LEARN FROM MY MISTAKES

I AM A WINNER

LIFE IS FUN

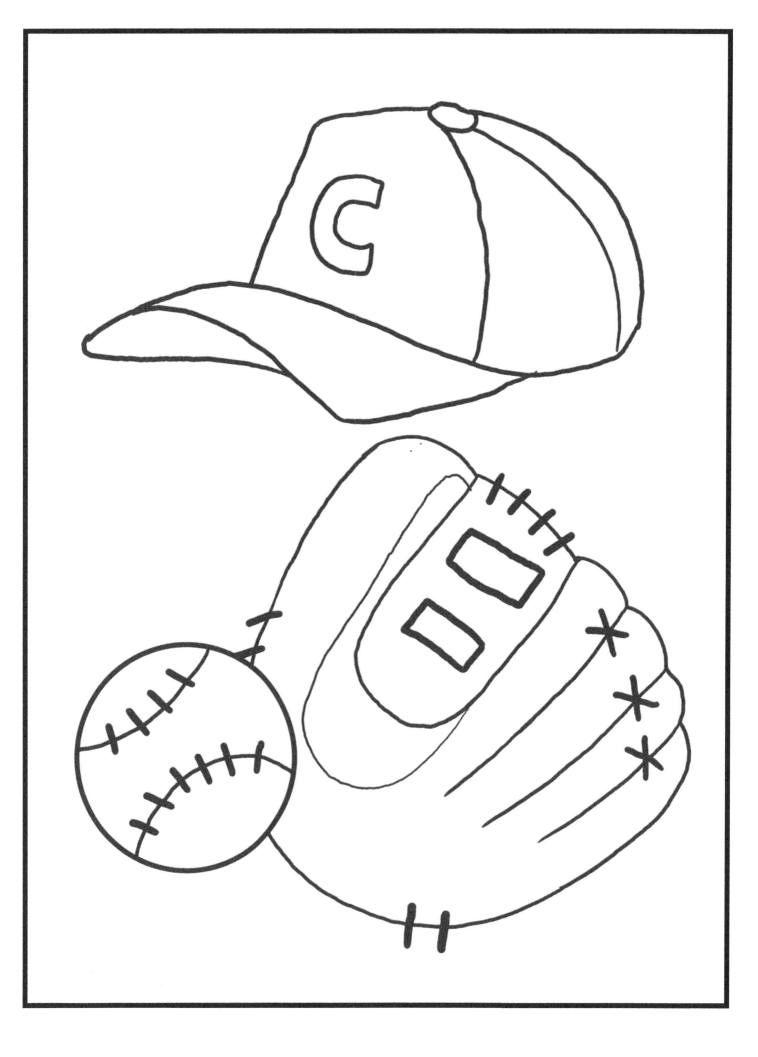

I AM STRONG

I HAVE SUPER POWERS!

I AM HELPFUL

I AM AMAZING

I AM SMART

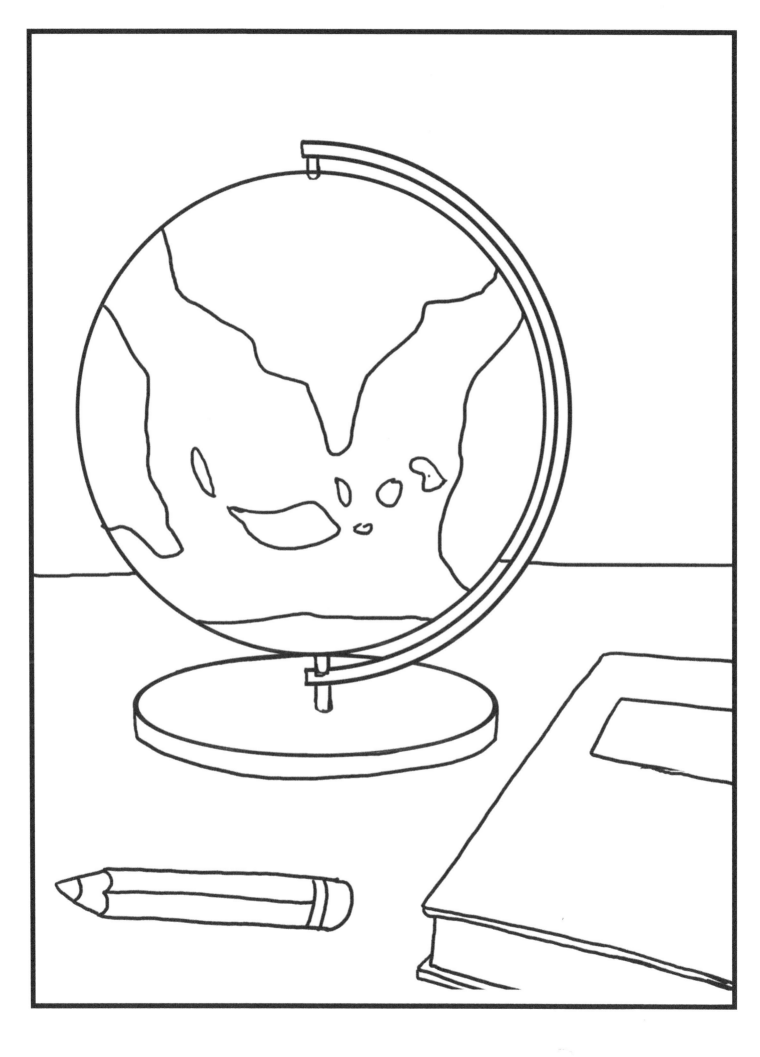

I SOLVE PROBLEMS

I AM FRIENDLY

I AM LOVED

I PLAY AN IMPORTANT ROLE IN THE WORLD

I AM PERFECT JUST THE WAY I AM

I HAVE A BEAUTIFUL SMILE

I HAVE MANY THINGS TO CELEBRATE

I AM BRAVE

I AM OUT OF THIS WORLD

# I AM COURAGEOUS

I AM EXCITED ABOUT THE UNKNOWN

I HAVE BIG DREAMS

I AM FULL OF ENERGY

I AM PATIENT

I AM TALENTED

MY SKIN GLOWS

I WORK HARD

Made in the USA
Monee, IL
12 July 2020